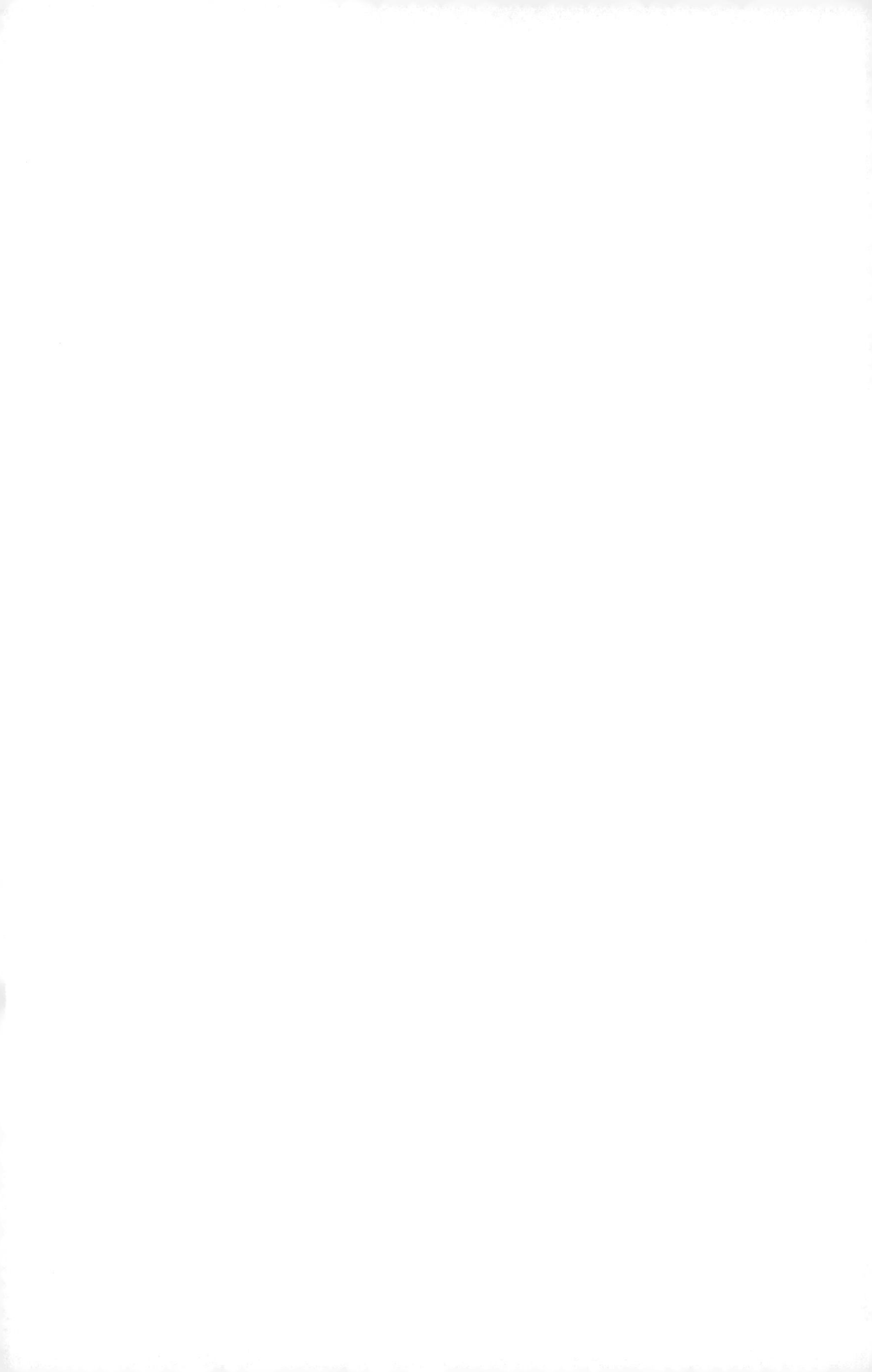

CATALOGUE

DE

TABLEAUX ANCIENS

DE L'ÉCOLE FLAMANDE

ET

OBJETS D'ART

ET DE CURIOSITÉ

TELS QUE

Sculptures sur bois et sur ivoire des quatorzième, quinzième et seizième siècles; Émaux de Limoges; Horloges allemandes; Manùscrits des treizième, quatorzième et quinzième siècles; Orfévrerie; Vases ant'ques grecs en terre de Nola et de la Basilicate; Laques du Japon; Porcelaines de Chine; Bronzes anciens; Objets divers, etc.

COMPOSANT LA

COLLECTION DE FEU M. COTREAU

Dont la vente aux enchères publiques aura lieu

HOTEL DES COMMISSAIRES-PRISEURS, RUE DROUOT, 5

SALLE N° 5

LES VENDREDI 3 ET SAMEDI 4 MAI 1861

A DEUX HEURES

Par le ministère de Me **CHARLES PILLET**, Commissaire-Priseur,
11, rue de Choiseul,
Assisté, pour les tableaux, de M. **Ferdinand LANEUVILLE**, expert,
rue Neuve des Mathurins, 73.
Et pour les objets d'art, de MM. **MANNHEIM**, experts, rue de la Paix, 10.

EXPOSITION PARTICULIÈRE

Le Mercredi 1er Mai 1861, de une heure à cinq heures.

EXPOSITION PUBLIQUE

Le Jeudi 2 Mai 1861, de une heure à cinq heures.

CONDITIONS DE LA VENTE

Elle sera faite au comptant.

Les adjudicataires payeront *cinq pour cent* en sus des enchères applicables aux frais.

Le Catalogue se trouve :

A Paris,	chez Me Charles PILLET, commissaire-priseur, rue de Choiseul, 11;
»	MM. MANNHEIM, experts, marchands de curiosités, rue de la Paix, 10.
»	M. Ferd. LANEUVILLE, expert, rue Neuve des Mathurins, 73.
A Marseille,	MM. BARON et RAMADES, libraires.
A Lyon,	M. HOETH, marchand d'estampes.
A Rouen,	M. BILLARD, marchand de curiosités.
A Bruxelles,	M. Etienne LE ROY, expert du Musée.
A Anvers,	M. TESSARO, marchand d'estampes.
A Londres,	M. COLNAGHI, marchand d'estampes.
»	MM. ANNOOT et GALE, 16, Old Bond Street.
»	M. H. DURLACHER, 113, NEW BOND Street.
A Amsterdam,	M. ROOS.
A Rotterdam,	M. A. LAMME, artiste peintre.

AVERTISSEMENT

La collection de feu M. Cotreau, que nous mettons en vente, offrira aux amateurs l'occasion, devenue très-rare, de posséder des œuvres incontestables des premiers maîtres et dans leur plus belle qualité, sans être obligé de les payer le prix excessif auquel elles sont montées depuis peu. Cet avantage est dû à la petite dimension de chacune d'elles; mais ces petites compositions ont été choisies avec un soin si intelligent, avec un goût si éclairé, qu'il n'y en a pas une d'elles qui ne réunisse au plus haut degré les qualités les plus éminentes de leur auteur.

Sans pouvoir désigner positivement les collections où M. Cotreau avait acquis la plupart de ses tableaux, puisqu'il n'a laissé aucune note, nous devons croire, et leur mérite l'atteste suffisamment, qu'ils ont dû figurer dans les plus célèbres cabinets.

Citons, comme autant de diamants de cette collection, les œuvres de François Miéris, Peter Neef, Breughel, Wynants, Zorg, Poelemburg, Adrien Ostade, Philippe Wouwermans,

Hobbema, ce maître si rare! Dussart, Schalken, Berghem, Netscher, Ruysdaël, Téniers, Pynacker, Guardi, Bega, Van der Werff, etc.

Nous invitons MM. les amateurs à accorder une attention toute particulière à cette exposition, persuadés qu'après l'examen ils confirmeront le jugement favorable que nous leur soumettons.

VACATION DU VENDREDI 3 MAI 1861

DÉSIGNATION
DES TABLEAUX

BEGA (C.).

1. — Tabagie.

Plusieurs paysans sont assis et fument : l'un d'eux regarde tendrement une jolie servante qui leur apporte à boire ce qui fait rire son camarade qui tient sa pipe et un pot à feu.

Bois. Haut. 40 cent. Larg. 35 cent.

BERGHEM (N.). Signé, daté 1654.

2. — Paysage montagneux baigné par une rivière.

Sur une route, au premier plan, deux hommes et une femme conduisant un troupeau de vaches et de moutons; plus loin, à droite, un voyageur monté sur un cheval blanc et un pâtre avec ses bestiaux se dirigent vers un bac pou gagner la rive opposée où se trouve une tour fortifiée.

Cuivre. Haut. 24 cent. Larg. 28 cent.

BERGHEM (N.). Signé.

3. — Paysage; effet du soir.

Un pâtre a amené ses vaches vers un cours d'eau qu'il leur fait traverser.

Les fonds se terminent par une colline boisée conduisant à de hautes montagnes.

Bois. Haut. 25 cent. Larg. 32 cent.

BRAUWER.

4. — Intérieur.

Deux paysans assis autour d'un tonneau s'entretiennent gaiement en tenant leurs pipes. Plus loin un homme debout se chauffe devant une cheminée.

Bois. Haut. 26 cent. Larg. 20 cent.

BREUGHEL.

5. — Le Christ portant sa croix.

Un peuple nombreux l'accompagne au lieu de son supplice.

Ovale. Cuivre. Haut. 44 cent. Larg. 11 cent.

BREUGHEL.

6. — Fuite en Égypte.

La sainte famille s'est arrêtée à l'entrée d'une forêt aux pieds d'énormes chênes.

Cuivre. Haut. 19 cent. Larg. 15 cent.

CUYP (Al.).

7. — Vue prise devant Dordrecht.

Sur un tertre, au premier plan, une paysanne trait ses vaches, son bateau est amarré au bord de l'eau.
Effet de soleil couchant.

Bois. Haut. 28 cent. Larg. 36 cent.

CUYP (Al.).

8. — Intérieur d'un temple protestant.

Il est animé de plusieurs personnages qui le parcourt en tous; sens le soleil frappant sur les vitraux se reflète sur les dalles.

Bois. Haut. 41 cent. Larg. 31 cent.

DECKER. Signé.

9. — Paysage.

Sur la droite d'un chemin traversé par plusieurs paysans, on aperçoit des chaumières presque cachées dans un épais fourré d'arbres. Un champ de blé occupe le reste du tableau.

Bois. Haut. 39 cent. Larg. 60 cent.

DEHEEM. (J. D.). Signé, daté 1657.

10. — Nature morte.

Des raisins, des abricots, des cerises, des framboises dans une jatte du Japon posée sur un plat d'argent. Auprès une huître et des noisettes.

Bois. Haut. 30 cent. Larg. 39 cent.

DELORME. Signé, daté 1659.

FIGURES DE BRACKENBURG.

11. — Intérieur d'un temple protestant.

Une dame et un cavalier sont salués par un personnage de distinction.

Bois. Haut. 31 cent. Larg. 47 cent.

DROOGSLOOT (J.). Signé, daté 1643.

12. — Village hollandais.

Il est traversé par une petite rivière chargée de barques de diverses grandeurs; de nombreuses figures animent la rive gauche.

Bois. Haut. 41 cent. Larg. 56 cent.

DUJARDIN (K.).

13. — Paysage avec ruines.

Tobie, accompagné de l'Ange, pêche le poisson qui doit rendre la vue à son père.

Effet du matin.

Bois. Haut. 22 cent. Larg. 27 cent.

DUSART (C.). Signé.

14. — Scène d'intérieur.

Un paysan, assis et la jambe allongée sur un banc, tient une pipe d'une main et un réchaud de l'autre; il lance avec délices en l'air une bouffée de fumée, et un pot de bière et son tabac sont à terre près de lui. Plus loin, sa femme s'entretient avec un jeune garçon.

Bois. Haut. 26 cent. Larg. 20 cent.

GUARDI.

15. — Vue de la Douane.

Un grand nombre de barques et de figures animent le tableau.

GUARDI.

16. — Vue prise du grand canal.

Pendant du précédent.

Toile. Haut. 25 cent. Larg. 33 cent.

HERMAN, d'Italie.

17. — Paysage marécageux.

Sur le premier plan, à droite, des paysans se sont arrêtés près de grands arbres. De hautes montagnes sont à l'horizon.

Toile. Haut. 34 cent. Larg. 47 cent.

HOBBEMA (M.).

18. — Paysage.

Sur le premier plan, à droite, un massif de chênes projette son ombre sur un chemin parcouru par un paysan conduisant une vache ; à gauche, entouré d'arbres, est un moulin au bord d'un cours d'eau qui l'alimente.

Bois. Haut. 26 cent. Larg. 32 cent.

HONDEKOETER (M. D.). Signé.

19. — Gibier à plumes suspendu dans une niche.

Bois. Haut. 45 cent. Larg. 34 cent.

KALF.

20. — Intérieur rustique.

Un homme et une femme se chauffent à une cheminée ; les premiers plans sont meublés de divers ustensiles de ménage et de légumes.

Bois. Haut. 23 cent. Larg. 21 cent..

MEULEN (Van der).

21. — Louis XIV à cheval, donnant des ordres aux officiers qui l'accompagnent.

Toile. Haut. 42 cent. Larg. 54 cent.

MIEL (J.).

22. — Halte de chasseurs.

Une femme, pour suivre plus commodément la chasse sans doute, a endossé le costume masculin; elle a mis pied à terre avec ses compagnons pour prendre quelques rafraîchissements ; des valets arrivent avec les chevaux et les chiens. Diverses pièces de gibier, à terre, indiquent que la chasse a été productive.

Toile. Haut. 39 cent. Larg. 32 cent.

MIERIS (François).

23. — Portrait de femme.

Elle est habillée d'une robe de satin blanc doublée de bleu; son col et ses oreilles sont ornés de perles, elle tient une orange de la main droite.

Bois. Haut. 13 cent. Larg. 10 cent.

MURANT. Signé, daté 1652.

24. — Vue d'un village.

Sur le bord opposé d'un canal qui occupe le premier plan, une femme est appuyée sur la demi-porte de sa maison; devant elle picorent un coq et des poules.

Toile. Haut. 48 cent. Larg. 56 cent.

MURANT (Em.). Signé.

25. — Canal traversant un village.

A droite, dans une barraque, une femme lave du linge; plus loin, un homme dépose un tonneau dans une barque.

Bois. Haut. 32 cent. Larg. 36 cent.

NEER (Eglon Van der).

26. — Le Jeune Musicien.

Il est vêtu de satin blanc, une toque noire couvre ses beaux cheveux blonds.

Il tient une flûte et regarde son cahier de musique posé sur l'appui d'une croisée que recouvre en partie un rideau bleu; un bas-relief est appliqué au-dessous de la croisée.

Bois. Haut. 26 cent. Larg. 20 cent.

NEER (Art. Van der). Signé.

27. — Vue d'un canal de la Hollande.

Effet de soleil couchant.

Toile. Haut. 36 cent. Larg. 49 cent.

NEER Eglon (Van der). Signé.

28. — Scène d'intérieur.

Un cavalier prend le menton à une jeune et jolie femme assise et lui offre une assiétée de fruits. A droite, un flacon de vin, un verre et un citron sont posés sur une table couverte d'un riche tapis, et à gauche, l'épée et le chapeau du cavalier sont placés sur une chaise.

Au second plan, une femme de chambre prépare un lit, et à travers une porte ouverte on aperçoit un homme et une femme devant une cheminée.

Toile. Haut. 50 cent. Larg. 41 cent.

NETSCHER (G.). Signé, daté 1657.

29. — La Toilette.

Une jeune dame blonde, vêtue d'une robe de satin blanc et d'un corsage de soie jaune, se lave les mains dans une aiguière que lui présente un jeune nègre. A côté, sur une table couverte d'un tapis, sont déposés un petit miroir et quelques bijoux; au fond de la chambre, une suivante arrange un lit.

Bois. Haut. 48 cent. Larg. 40 cent.

NETSCHER (G.).

30. — Une dame de qualité.

Elle est debout, coiffée de grands cheveux bruns tombant sur ses épaules nues ; elle porte un riche costume de satin blanc et tient une écharpe en soie brune à raies bleues ; elle appuie le bras gauche sur une table couverte d'un beau tapis de Smyrne. Un petit épagneul s'y est établi près d'elle.

Par une fenêtre ouverte on aperçoit les arbres d'un beau parc.

Bois. Haut. 31 cent. Larg. 26 cent.

NETSCHER (G.).

31. — Portrait d'enfant.

Il est coiffé d'une toque noire à plumes blanches, et habillé d'une étoffe bleue brodée d'argent et d'un manteau rouge.

Ovale. Haut. 27 cent. Larg. 21 cent.

OSTADE (Ad.). Signé, daté 1650.

32. — Intérieur rustique.

Une femme tenant son enfant par la main est l'objet des entreprises galantes d'un joyeux compère qui cherche à l'embrasser, tandis qu'un homme, le verre à la main et vu de dos, la regarde attentivement. Deux paysans, dont l'un fume et l'autre bourre sa pipe, sont assis sur un banc à côté d'une cruche, et plus loin, au fond de la chambre, deux hommes se chauffent devant une cheminée.

Bois. Haut. 23 cent. Larg. 20 cent.

OSTADE (Ad.). Signé.

33. — Un fumeur.

Il est assis le coude appuyé sur le dos de sa chaise; de la main droite il tient une pipe.

Bois. Haut. 17 cent. Larg. 14 cent.

OSTADE (Adrien).

34. — Intérieur rustique.

Deux fumeurs sont assis près d'une table; l'un d'eux, renversé sur le dos de sa chaise, tient sa pipe à la main; une cruche est à terre près de lui; un homme, debout, apprête son tabac. Plus loin, une femme devant une cheminée.

Bois. Haut. 27 cent. Larg. 22 cent.

PETER NEEFS. Signé.

35. — Intérieur d'église; effet de lumière.

Une dame de distinction, tenant son enfant par la main et suivie de ses femmes, se dirige vers la porte de sortie; des pages la précèdent portant des torches allumées.

Divers groupes circulent dans l'église.

Ovale. Bois. Haut. 11 cent. Larg. 14 cent.

PETER NEEFS. Signé, daté 1657.

36. — Intérieur d'église; effet de jour.

A droite, au fond du tableau, des fidèles sont prosternés devant une chapelle.

Pendant du précédent.

Ovale. Bois. Haut. 41 cent. Larg. 14 cent.

PINACKER (Ad.).

37. — Paysage maritime.

Aux pieds de rochers dominant la mer, des matelots chargent des ballots de marchandises dans une barque pour les transporter sur un vaisseau de fort tonnage se tenant à distance, dans l'impossibilité sans doute de s'approcher à cause des bas-fonds; le rivage est couvert de paysans et de femmes, dont l'une est montée sur un mulet.

Effet de soleil couchant.

Bois. Haut. 35 cent. Larg. 41 cent.

PINACKER (A.). Signé.

38. — Paysage.

A gauche, sur des rochers, les ruines d'un château dont il ne reste debout qu'une tour; à droite, une rivière, et au delà, des montagnes dans la vapeur.

Sur le premier plan, des paysans ont amené leurs troupeaux pour les désaltérer.

Bois. Haut. 36 cent. Larg. 40 cent.

POELEMBURG (C.). Signé.

39. — Site montagneux.

Des nymphes se livrent au plaisir du bain dans un cours d'eau qui s'échappe des rochers.

Cuivre. Haut. 13 cent. Larg. 17 cent.

POELEMBURG (C.). Signé.

40. — Paysage; site d'Italie.

Sur le premier plan, des pâtres gardant leurs troupeaux.

Cuivre. Haut. 13 cent. Larg. 17 cent.

POTTER (P.) Signé.

41. — Chevaux au pâturage.

Un paysan flatte de la main un cheval récalcitrant pour qu'il se laisse brider.

Bois. Haut. 21 cent. Larg. 27 cent.

POTTER (G.), attribué à.

42. — Un chien gardant un lièvre.

Toile. Haut. 1 mèt. Larg. 1 mèt. 15 cent.

RUBENS (Ecole de).

43. — L'Adoration des mages.

Bois. Haut. 51 cent. Larg. 40 cent.

RUYSDAEL (J.). Signé.

44. — Vue des environs de Harlem.

A gauche, des champs de blé éclairés par un brillant coup de soleil; du côté opposé, des terrains sablonneux, traversés par une route où circulent plusieurs voyageurs. Ciel nuageux.

Toile. Haut. 30 cent. Larg. 40 cent.

SCHALKEN.

45. — Diane à la chasse.

Elle tient son arc d'une main et une flèche de l'autre.

Cintré. Bois. Haut. 26 cent. Larg. 20 cent.

STEEN (J.). Signé.

46. — Musico hollandais.

Des paysans et des femmes de condition suspecte se sone réunis pour faire de la musique; une de ces femm es pinc de la guitare, un des hommes l'accompagne avec son violon.

Un homme debout, que son fils cherche à entraîner, contemple tendrement la musicienne, et semble la quitter à regret; à l'entrée de la porte, sa femme, que cette scène alarme, l'appelle avec insistance; elle est accompagnée d'un jeune enfant qui pleure.

J. Steen s'est représenté sous les traits du père de famille.

Toile. Haut. 49 cent. Larg. 40 cent.

STEEN (J.).

47. — L'Opérateur.

Il sonde la blessure d'un homme et lui cause une si vive douleur qu'il fait une effroyable grimace et crispe ses poings. Un homme et une femme, témoins de cette scène douloureuse, la contemplent sans en paraître touchés. Un crocodile est suspendu au plafond; diverses poteries son sur une planche, des instruments de chirurgie et une gui tare sont accrochés au mur.

Bois. Haut. 24 cent. Larg. 19 cent.

STORCK (A.). Signé.

48. — Marine.

Une flottille, composée de barques richement ornées et remplies de personnages de distinction, se dispose au départ; l'une d'elles a donné le signal.

Toile. Haut. 44 cent. Larg. 65 cent.

TÉNIERS (D.). Signé.

49. — Intérieur flamand.

Un paysan, assis sur sur un baquet, allume sa pipe à un réchaud qu'il tient à la main; il a placé près de lui, sur un tonneau, une cruche, un verre et du tabac dans du papier. Plus loin, un homme et une femme debout se chauffent à une cheminée.

Bois. Haut. 25 cent. Larg. 32 cent.

TÉNIERS (D.). Signé.

50. — Le Charlatan.

Bois. Haut. 24 cent. Larg. 17 cent.

TENIERS (D.). Signé.

51. — Kermesse.

Des paysans célèbrent la fête en dansant devant la porte d'une auberge.

Bois. Haut. 34 cent. Larg. 24 cent.

TÉNIERS (D.).

52. — Fumeur.

Un vieillard à barbe blanche, et vêtu d'une veste rouge, tient d'une main sa pipe et de l'autre une cruche; il a posé son mouchoir et un pot à feu sur une table près de lui.

Dans le fond du tableau, un homme se dirige vers lui avec un plat.

Cuivre. Haut. 22 cent. Larg. 15 cent.

VELDE (Guillaume Van den).

53. — Naufrage.

Un vaisseau de haut bord est venu se briser sur un rocher; un autre s'efforce de gagner la pleine mer.

Collection Saint-Victor.

Cuivre. Haut. 15 cent. Larg. 20 cent.

VICHT (T. V.). Signé, daté 1670.

54. — Temple protestant.

Avec figures.

Cuivre. Haut. 13 cent. Larg. 17 cent.

WATERLOO (Ant.).

55. — Paysage maritime.

Sur la rive, des pêcheurs; à droite, un chariot attelé de trois chevaux. Un village occupe le fond du tableau.

Toile. Haut. 41 cent. Larg. 57 cent.

WERFF (Ad. Van der).

56 — Portrait.

Un seigneur, dans un riche costume, et coiffé d'un chapeau orné de plumes blanches, montre d'un air riant un verre qu'il vient de vider en l'honneur d'un souverain représenté sur une médaille d'or qu'il tient à la main.

Bois. Haut. 18 cent. Larg. 14 cent.

WICK (Th.). Signé.

57. — L'Alchimiste.

Il est assis et lit devant une table placée près d'une croisée; tout l'attirail de la science l'entoure : des livres, des sphères, des alambics, etc.

Toile. Haut. 39 cent. Larg. 33 cent.

WOUWERMANS (Ph.).

58. — Halte de chasse.

Sous une voûte formée par des rochers, une dame, montée sur un cheval blanc, s'est arrêtée pour se reposer; elle est accompagnée par un jeune page tenant en laisse deux levriers; l'extrémité de la voûte s'ouvre dans la campagne, où chemine un voyageur.

Bois. Haut. 22 cent. Larg. 20 cent.

WYNANTS (J.). Signé.

59. — La Maison du garde.

Elle est à l'entrée du bois; le garde est appuyé sur sa porte et regarde une femme qui jette à manger à des poules; plus loin, un homme passant sur un chemin.

Bois. Haut. 24 cent. Larg. 30 cent.

WYNANTS (J.) et LINGHELBACK. Signé.

60. — Paysage.

Un bouquet d'arbres occupe le centre de la composition; à gauche, un cours d'eau traversé par un léger pont rustique, et à droite, une route sur laquelle chemine un colporteur suivi de son chien.

Effet de soleil couchant.

Bois. Haut. 30 cent. Larg. 38 cent.

ZORGH (M.). Signé, daté 1646.

61. — Intérieur flamand.

Devant une cheminée et autour d'une table, de joyeux paysans regardent en riant un des leurs qui cherche à embrasser une femme qui semble le repousser des mains tandis qu'elle l'attire par des regards provoquants; à droite, un joueur de flûte est interrompu par une femme, qui attire son attention sur ce qui se passe. Un pot à feu est posé sur un tonneau.

Collection du duc Dalberg.

Bois. Haut. 48 cent. Larg. 69 cent.

ÉCOLE FLAMANDE.

62. — Portrait d'un guerrier.

Il porte un justaucorps de buffle garni d'un galon d'or, et un ceinturon; un col en guipure retombe sur ses épaules.

Ovale. Cuivre. Haut. 15 cent. Larg. 12 cent.

VACATION DU SAMEDI 4 MAI 1861

DÉSIGNATION
DES OBJETS

SCULPTURES SUR IVOIRE

1 — Magnifique tableau de forme carrée en ivoire, sculpté en haut relief et finement repercé à jour; la partie centrale présente le Sauveur entre saint Pierre et saint Paul, debout et placés sous des arceaux à tourelles de style ogival.

Au-dessus de chacun de ces personnages se trouve un médaillon carré orné d'un sujet de sainteté composé de quantité de figurines.

Les figures principales ainsi que les médaillons qui précèdent sont séparés par des colonnettes ornées de figurines superposées et placées sous des tourelles finement repercées à jour.

Travail du quatorzième siècle, remarquable par sa parfaite conservation.

Haut. 135 millim. Larg. 115 millim.

2 — Grand et beau diptyque en ivoire sculpté en haut relief, contenant six compartiments ornés de sujets saints. Travaïl du quatorzième siècle.

Haut. 245 millim. Larg. 23 cent.

3 — Beau diptyque en ivoire sculpté en haut relief, à six compartiments ornés de sujets saints d'une belle composition et placés sous des arceaux à plein cintre. Travail du quatorzième siècle.

Haut. 19 cent. Larg. 21 cent.

4 — Diptyque en ivoire sculpté ; sur un des volets, le Christ en croix et les saintes femmes ; sur l'autre, le Couronnement de la Vierge. Ces sujets sont placés sous des arceaux de style ogival. Travail du quinzième siècle.

Haut. 135 millim. Larg. 15 cent.

5 — Diptyque en ivoire sculpté ; un des volets présente la Crucifixion, l'autre l'Adoration des rois mages. Ces sujets sont placés sous des arceaux de style ogival.

Haut. 115 millim. Larg. 195 millim.

6 — Diptyque en ivoire de forme carrée, contenant quatre médaillons en forme de rosaces, ornés de sujets saints.

Haut. et larg. 13 cent.

7 — Bas-relief de forme carré-surélevé en ivoire sculpté : Judith remettant la tête d'Holopherne à un soldat casqué et cuirassé ; il porte le monogramme G. P. (Georges Pencz, né à Nuremberg, en 1550).

— Couteau-serpe en fer gravé, à sujets de chasse, à rinceaux et à manche en ivoire sculpté, à figurines d'enfants, fruits et fleurs.

9 — Saint Jean assis sur un rocher, orné d'animaux et figurines, en ivoire sculpté de ronde bosse.

Haut. 175 millim.

10 — Petit éléphant portant des figurines et son cornac ; sculpture de ronde bosse sur ivoire. Travail chinois.

11 — Cantine de forme cylindrique et à trois compartiments en ivoire sculpté, ornée de médaillons, fleurs et paysages sur fond repercé à jour. Travail chinois.

SCULPTURES SUR BOIS

12 — Petit autel portatif en buis, de forme architecturale et à plein cintre, dont le centre, finement sculpté de ronde bosse, représente l'Adoration des rois mages, suivis de nombreux cavaliers et dames descendant une côte. Les deux volets, divisés chacun en deux compartiments, sont sculptés en bas-relief ; sujets tirés de la vie du Christ. Le tout repose sur un petit support carré à moulures, grillages et inscriptions. Travail de Nuremberg au seizième siècle.

Haut. totale 16 cent.

13 — Petit autel portatif en buis, à trois compartiments (triptyque) sculptés en haut relief, présentant des sujets tirés de la vie du Christ; composition de nombre de figurines.

Haut. totale 15 cent. Larg. 155 millim.

14 — Petit diptyque de forme carrée en buis, contenant environ soixante-dix-huit petits médaillons; bustes de saints sculptés en bas-relief et finement repercés à jour. Travail russe.

15 — Petit volet de diptyque en buis contenant quinze petits médaillons, sujets saints sculptés en bas-relief; au revers, saint Georges, à cheval, terrassant le dragon. Travail russe très-fin.

16 — Médaillon rond : Saints personnages devant une église, sur fond repercé à jour. Travail russe.

17 — Médaillon rond en buis sculpté en bas-relief; buste de femme, profil à droite. ISOTE, ARIMINENSI. FORMA. ET. VIRTVTE. ITALIE. DECORI.

18 — Groupe en buis sculpté de ronde bosse : la sainte Vierge assise, ayant son divin Fils sur ses genoux, est couronnée par deux anges; ses pieds reposent sur deux lions couchés, sa chaire est entourée et supportée par cinq figurines jouant de divers instruments. Socle de forme hexagonale orné sur chaque face d'un médaillon, buste de saint sculpté en bas-relief. École de Nuremberg du commencement du seizième siècle.

Haut. 14 cent.

19 — Figurine de Sainte Vierge et l'Enfant Jésus, en buis finement sculpté.

Haut. 14 cent.

20 — Coffret en bois de forme oblongue et à couvercle cintré, à ornements divers finement repercés à jour.

MANUSCRITS

21 — Les Psaumes de David, manuscrit sur vélin du treizième siècle, enrichi de quatorze miniatures d'une parfaite conservation et à fond d'or.

L'époque de ce manuscrit se trouve précisée par l'absence au calendrier de saint Louis de France, qui fut canonisé en 1297.

Un acte de donation en latin se trouve sur le dernier feuillet de ce manuscrit et porte la date de 1374.

Reliure en velours rouge.

22 — Heures. Missel in-8° vélin, contenant douze miniatures et encadrements en or et couleurs. Il est précédé d'un calendrier orné de majuscules dorées.

Manuscrit français du quatorzième siècle ; reliure du temps en cuir gaufré et agrafes en argent doré.

23 — Heures. Missel in-4° vélin, orné de dix-sept miniatures et encadrements à feuillages et grotesques en or et couleurs à toutes les pages. Il est précédé d'un calendrier orné, de même, de miniatures représentant les mois.

Manuscrit français du quatorzième siècle ; reliure moderne par Simier, en maroquin violet et ornements dorés

24 — Heures. Missel petit in-8° vélin contenant quatorze miniatures, lettres majuscules sur fond or et encadrements à feuillages en or et couleurs à toutes les pages. Il est précédé d'un calendrier.

Manuscrit du quatorzième siècle, reliure ancienne en cuir et ornements dorés.

25 — Missel in-8° vélin, orné de quinze belles miniatures et lettres majuscules rehaussées d'or. Il est précédé de son calendrier, dont chaque feuille porte un médaillon rond orné de sujets se rapportant aux mois de l'année.

Manuscrit français du quinzième siècle ; reliure moderne par Simier.

26 — Heures in-8° vélin, contenant seize miniatures et encadrements à fleurs et feuillages en or et couleurs à chaque page. Il est précédé de son calendrier, également orné d'encadrements et de miniatures représentant les mois.

Manuscrit du quinzième siècle ; reliure moderne par Simier.

27 — Heures in-8° vélin, orné de onze grandes et dix-sept petites miniatures et marges à ornements à arabesques et feuillages. Il est précédé de son calendrier.

Missel flamand du quinzième siècle; reliure moderne par Simier.

28 — Heures. Missel in-8° vélin, contenant quatorze miniatures. Il est précédé de son calendrier.

Manuscrit français du quinzième siècle; reliure moderne par Simier.

29 — Heures. Missel petit in-8° vélin, contenant dix-huit grandes et vingt-sept petites miniatures. Il est précédé de son calendrier entouré de miniatures.

Manuscrit du quinzième siècle; reliure moderne.

30 — Heures. Missel in-8° vélin, orné de douze miniatures et encadrements à arabesques et feuillages. Il est précédé de son calendrier.

Manuscrit flamand du quinzième siècle; reliure moderne en maroquin rouge.

31 — Heures. Missel in-8° vélin, orné de onze grandes et quatorze petites miniatures et encadrements à fleurs et oiseaux.

Manuscrit flamand du quinzième siècle; reliure en maroquin rouge.

32 — Évangéliaire. Missel petit in-8° vélin, contenant les

Évangiles et orné de lettres majuscules à miniatures.

Manuscrit français du temps de saint Louis et d'une exécution remarquable ; reliure moderne en maroquin rouge.

33 — Heures in-8° vélin, belle impression de Paris du quinzième siècle, ornée de miniatures et encadrements en or et couleurs.

Reliure ancienne à mosaïque.

LAQUES DU JAPON

34 — Joli petit cabinet de forme oblongue en laque du Japon, fond noir, à paysages et fabriques en relief dorés et aventurinés, contenant trois tiroirs à l'intérieur ; les charnières et serrures en argent repoussé. Belle qualité.

Larg. 85 millim. Haut. 11 cent. Prof. 155 millim.

35 — Petit cabinet de forme carrée en laque du Japon usé, à grilles figurant une cage ; il contient quatre petits tiroirs et un petit plateau. Très-belle qualité.

Haut. 92 millim. Larg. et prof. 75 millim.

36 — Petit cabinet en laque du Japon de forme carrée, imitant le bois de palmier, à fleurs et oiseaux en relief

et dorés, contenant à l'intérieur trois boîtes et un plateau à fond or et ornements en relief. Très-belle qualité.

Long. 9 cent. Prof. 7 cent. Haut. 6 cent.

37 — Petite boîte de forme carrée en laque usé; le pourtour fond or, le couvercle à paysages sur fond noir.

Larg. 55 millim. Prof. 43 millim. Haut. 25 millim.

38 — Deux petites boîtes de forme carrée et à angles rentrants, en laque doré et à paysages en relief sur les couvercles.

Larg. 55 millim. Haut. 30 millim.

39 — Deux boîtes à thé de forme carrée surélevée et à panses galbées, en laque usé, fond noir et à paysages dorés.

Haut. 8 cent.

40 — Deux boîtes à thé en laque usé, de forme hexagonale, à panses galbées, fond noir et à paysages dorés, montées en guise de corbeille, à anses et supportées par six pieds à spirale en bronze doré.

Haut. totale 18 cent.

41 — Joli petit plateau de forme ovale en laque, fond noir et paysage en relief doré.

42 — Deux petites tables-supports de forme carrée contournée et à quatre pieds, en laque, imitant le bois de Saint-Laurent et à fleurs dorées.

43 — Petite table-support de forme losange contournée et à quatre pieds, en laque noir, à fleurs dorées.

44 — Boîte à jeu en laque de Chine, fond or caillouté, contenant à l'intérieur ses boîtes en laque et ses fiches, contrats et jetons en nacre de perle gravée.

45 — Boîte ronde en laque rouge à feuillages et ornements en relief.

PORCELAINES

46 — Deux jolis vases, de forme contournée et aplatie, en porcelaine de Chine, fond chagriné bleu clair, à médaillons à mandarins, montés en bronze doré.

Haut. totale 35 cent.

47 — Deux vases de forme ronde, en porcelaine de Chine à chiens de Fô en relief, sur fond à écailles imitant les vagues de la mer; le tout émaillé de belles couleurs variées. Monture rocaille en bronze doré.

Haut. 30 cent.

48 — Deux vases en porcelaine de Chine de forme carrée et à anses, fond brun caillouté, et médaillons à mandarins; les couvercles ornés de petits lions assis.

Haut. 34 cent.

49 — Vase en porcelaine de Chine, de forme ovale aplatie, fond brun caillouté, à fleurs en relief émaillées en vert, et anses formées de figurines; il est enrichi de médaillons à mandarins.

Haut. 31 cent.

50 — Deux petits vases de forme arrondie, en porcelaine tendre, fond bleu turquoise et médaillons genre Boucher, bergères et moutons. Montés en bronze doré.

BRONZES

51 — Jolie statuette équestre de Louis XIV en bronze finement ciselé et belle patine.

52 — Buste de Catherine de Médicis en bronze florentin, d'une belle patine.

53 — Lampe antique en bronze, à trépied à griffes de lion; la tige ornée d'une figurine de faune debout.

54 — Bronze antique. Camille debout, tenant dans la main gauche une corne d'abondance; socle carré, en marbre jaune antique.

55 — Bronze antique. Camille debout, tenant une patère dans la main gauche; de la droite il tient un rhiton; sur socle carré en jaune antique.

56 — Bronze antique. Mercure debout, coiffé du pétase et tenant une bourse de la main droite; socle carré en jaune antique.

57 — Bronze antique. Lutteur debout; socle en jaune antique.

58 — Bronze antique. Petite figurine debout et casquée; sur socle carré en marbre jaune de Sienne.

59 — Laocoon enlacé par un serpent; figurine imitée de l'antique en bronze; sur socle en jaune antique.

OBJETS DIVERS

60 — Plaque carrée en émail de Limoges, peinture en grisaille par Kip : le Christ en croix et les deux larrons; composition ornée de nombre de personnages.

Larg. 95 milli. Haut. 12 cent.

61 — Plaque carrée en émail de Limoges colorié par Pierre Raymond; le Sauveur assis, tenant la boule du monde et bénissant; une guirlande de feuillages entoure le sujet principal; aux angles se trouvent les attributs des quatre évangélistes dorés et enlacés de listels.

Larg. et haut. 14 cent.

62 — Groupe en argent repoussé, sainte Anne assise dans une chaire, tenant l'Enfant Jésus dans ses bras, et

recevant les hommages d'une femme couronnée; sur socle carré, orné de blasons et à inscriptions.

63 — Plateau de forme carrée en filigrane d'argent, à paysages et ornement émaillés. Travail chinois.

64 — Plateau carré et angles rentrants en filigrane d'argent, à paysages et ornements émaillés. Travail chinois.

65 — Plateau carré et angles rentrants en argent, à vases, ustensiles, et filet émaillé. Travail chinois.

66 — Horloge de forme carrée, en cuivre gravé et doré, ornée de rinceaux à volutes aux angles, surmontée d'une tourelle et supportée par quatre pieds élevés à balustres hexagones. Travail allemand de la fin du seizième siècle.

67 — Horloge en forme de livre, à plusieurs cadrans à l'intérieur et à deux mouvements, en cuivre gravé et doré, à médaillons, figurines, bustes, fruits, et fleurs. Travail allemand du dix-septième siècle.

68 — Horloge de forme cylindrique, en cuivre doré, gravé à blason et médaillons; le haut, de forme demi-sphérique, est finement repercé à jour, à ornements à entrelacs; le tout supporté par des petits lions accroupis.

69 — Grosse montre en argent guilloché et à ornements rocaille en repoussé.

70 — Petite coupe ronde en jade blanc, à anses prises dans la masse, et à pois en relief sur la panse.

71 — Petit vase forme Médicis, en marbre petit antique.

72 — Petit vase en porphyre rouge oriental, culot à godrons en relief, monté à gorge et anses en bronze doré au mat; sur socle en granit vert des Vosges et plinthe en granit rose d'Egypte.

73 — Boîte ovale en porcelaine de Saxe, fond blanc et médaillons, sujets champêtres, montée à gorge en or, à ornements rocaille ciselés.

74 — Deux tasses à deux anses en argent à dragons émaillés. Travail chinois.

75 — Tasse à une anse en argent émaillé de couleurs variées. Travail chinois.

76 — Deux scarabées en basalte, à lignes hiéroglyphiques.

77 — Fixé : Intérieur d'une église à Milan.

78 — Petit modèle d'armure de chevalier.

79 — Deux meubles à hauteur d'appui et à une porte pleine, en marqueterie genre Boule.

80 — Un meuble à hauteur d'appui et à une porte vitrée, en marqueterie genre Boule.

81-110 — Vingt-huit pièces antiques grecques en terre de Nola, de la Basilicate, etc., telles que coupes, vases, rhitons, lampes, etc., qui seront vendues séparément.

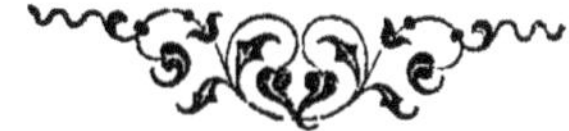

PARIS. IMPRIMERIE PILLET FILS AINÉ, RUE DES GRANDS-AUGUSTINS, 5.

www.ingramcontent.com/pod-product-compliance
Ingram Content Group UK Ltd.
Pitfield, Milton Keynes, MK11 3LW, UK
UKHW020504180726
13839UKWH00004B/1893